BEI GRIN MACHT SICH IHR WISSEN BEZAHLT

- Wir veröffentlichen Ihre Hausarbeit, Bachelor- und Masterarbeit

- Ihr eigenes eBook und Buch - weltweit in allen wichtigen Shops

- Verdienen Sie an jedem Verkauf

Jetzt bei www.GRIN.com hochladen und kostenlos publizieren

Stefan Schulze

Betrieblicher Durchlauf für das Anfertigen einer Medikamentenverpackung

Von der Kundenanfrage bis zur Auslieferung

GRIN Verlag

Bibliografische Information der Deutschen Nationalbibliothek:

Die Deutsche Bibliothek verzeichnet diese Publikation in der Deutschen National-
bibliografie; detaillierte bibliografische Daten sind im Internet über http://dnb.d-
nb.de/ abrufbar.

Impressum:

Copyright © 2010 GRIN Verlag GmbH
Druck und Bindung: Books on Demand GmbH, Norderstedt Germany
ISBN: 978-3-640-81465-7

Dieses Buch bei GRIN:

http://www.grin.com/de/e-book/165752/betrieblicher-durchlauf-fuer-das-anfertigen-
einer-medikamentenverpackung

GRIN - Your knowledge has value

Der GRIN Verlag publiziert seit 1998 wissenschaftliche Arbeiten von Studenten, Hochschullehrern und anderen Akademikern als eBook und gedrucktes Buch. Die Verlagswebsite www.grin.com ist die ideale Plattform zur Veröffentlichung von Hausarbeiten, Abschlussarbeiten, wissenschaftlichen Aufsätzen, Dissertationen und Fachbüchern.

Praxisbezogene Aufgabenstellung zum geprüften Industriemeister

Fachrichtung Papier- und Kunststoffverarbeitung

– Von der Kundenanfrage bis zur Auslieferung –

Betrieblicher Durchlauf für das Anfertigen einer Medikamentenverpackung bei der Firma G. Braun Pharmadruck Bitterfeld GmbH

Ausarbeitung von Stefan Schulze

Leipzig, den 16.12.2010

Inhaltsangabe

1 Einleitung   **Seite**

1.1   Vorstellung Firmenprofil   4

1.2   Beruflicher Werdegang   5

2 Abhandlung

2.1   Kundenanfrage   6

2.2   Musteranfertigung / Realisierungsprozesse   6

2.3   Auftragserteilung / Auftragsbearbeitung   7

2.4   Produktionsplanung und -steuerung   7

2.4.1   Druckabteilung   8

2.4.1.1 Arbeitsprozess   8

2.4.2   Stanzabteilung   8

2.4.2.1 Arbeitsprozess   8

2.4.2.2 Prägen der Blindenschrift   9

2.4.3   Klebeabteilung   12

2.4.3.1 Arbeitsprozess   12

2.4.3.2 Aufbau und Funktionsweise der Faltschachtelklebemaschine   13

2.5   Versand / Auslieferung   14

2.6   Fehler bei der Herstellung der Faltschachtel   15

2.7   Quellenangabe   18

1 Einleitung

1.1 Vorstellung Firmenprofil

Die Edelmann Group

Die Edelmann Group ist führender Anbieter hochwertiger und innovativer Verpackungslösungen aus Karton. Die 1913 gegründete Muttergesellschaft steuert und koordiniert in der Hauptverwaltung mit Sitz in Heidenheim a.d. Brenz alle nationalen und internationalen Aktivitäten der Edelmann Group. Hier befinden sich die Verpackungsentwicklung und der Bereich Druckvorstufe. An zehn Standorten in Deutschland, Polen, Frankreich, Mexiko und China entwickelt und produziert das Unternehmen Systemlösungen, Faltschachteln und Gebrauchsinformationen für den Health Care- und Beauty Care-Markt. 2009 erwirtschafteten ca. 1.530 Mitarbeiter einen Umsatz von etwa 180 Millionen Euro. (1)

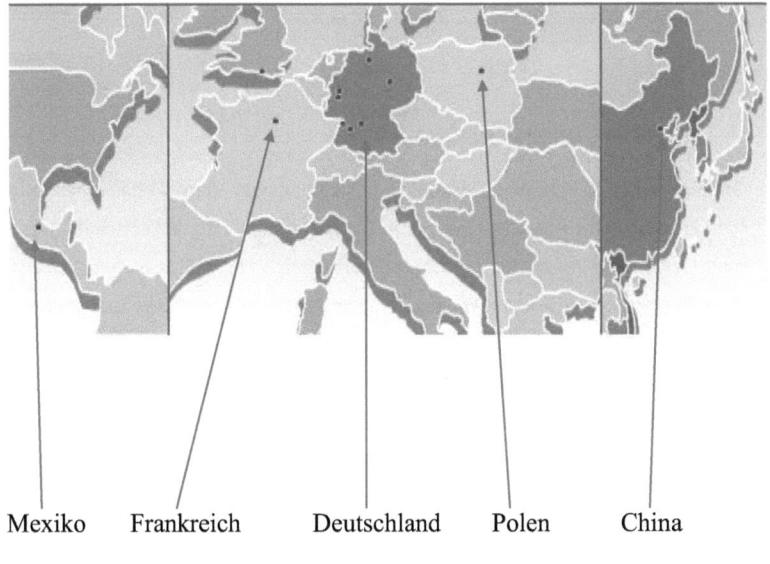

Mexiko   Frankreich   Deutschland   Polen   China

Abb. 1 Standorte

Der Faltschachtelkonzern Edelmann kaufte 1997 die Firma Druck+Medien Bitterfeld GmbH & Co.KG (1994 von Georg von Griesheim gegründet), die sich auf einem Areal von ca. 15000qm befand und in den Bereichen Druckerei, Telefonverlag, Buch- und Fachverlag produzierte. Nach der Übernahme wurde die Firma in G. Braun Pharmadruck umbenannt. Ziel war es, das im Nachbarort Greppin gelegene Werk der Bayer Bitterfeld GmbH mit Produkten zu beliefern. Seit rund 13 Jahren gehört G. Braun Pharmadruck zur Edelmann Group und wurde zum Pharma-Verpackungsspezialisten aufgebaut. Daneben fungiert der Standort generell als Back-up- Produktionsstätte für die Pharmakunden der Edelmann Group, primär in Ostdeutschland. 2002 wurde das zuvor angemietete Gebäude im Chemiepark Bitterfeld gekauft, um die Produktionsfläche um 1300 Quadratmeter zu erweitern. Im selben Jahr wurde der Maschinenpark erneuert und erweitert. Neben zwei neuen 6 Farben-Druckmaschinen der Firma MAN-Roland wurde in eine neue Flachbettstanze und eine Faltschachtelklebemaschine der Firma Bobst investiert. Im Geschäftsjahr 2009 erwirtschaftete die Firma G. Braun Pharmadruck mit seinen 130 Mitarbeitern einen Umsatz von rund 15 Millionen Euro und investierte erneut im Jahr 2010 noch einmal in den Maschinenpark, um diesen mit zwei neue Stanzen der Firma Bobst auszustatten. Außerdem wurde die Logistik so optimiert, dass jede der drei Klebemaschinen mit einer eigenen Etikettieranlage ausgestattet wurde. (2)

1.2 Beruflicher Werdegang

Im September 2000 begann ich mit der Ausbildung zum Verpackungsmittelmechaniker bei der Firma G. Braun Pharmadruck in Bitterfeld und an der Berufsschule für Technik und Gewerbe in Altenburg, die ich 2003 erfolgreich abgeschlossen habe. Nach einem Jahr Befristung wurde mein Arbeitsvertrag am 01.09.2004 entfristet, und ich begann als Maschinenführer an der Faltschachtelklebemaschine „Jagenberg-Diana" in der Klebeabteilung zu arbeiten. Von Januar bis Juni 2006 wurde ich als Maschinenführer an den Flachbettstanzen „Bobst SP 103" sowie „Bobst SP 104" in der Abteilung Stanzen angelernt und konnte die Tätigkeit bis März 2008 ausüben. In Vorbereitung auf den Aufbau der neuen Etikettierungsabteilung im Werk Bitterfeld wurde ich im Frühjahr 2008 während eines einmonatigen Weiterbildungslehrganges im Werk Weilheim bei Stuttgart an der Etikettierungsmaschine angelernt. Seit Mai 2008 arbeite ich als Maschinenführer in der Abteilung Etikettierung und begann im September ΄08 die Weiterbildung zum Industriemeister.

2 Abhandlung

Nachfolgend wird der betriebliche Ablauf für das Anfertigen einer Medikamentenverpackung an einem selbst gewählten Kundenbeispiel von der Kundenanfrage bis zur Auslieferung beschrieben.

Für die Firma Bayer Bitterfeld, dem Hauptkunden von G. Braun Pharmadruck, soll eine Faltschachtel (Abb.2) nach ECMA A2120 im Vierfarbdruck mit zusätzlicher Blindprägung hergestellt werden.

Im Hauptteil dieser Arbeit werden die einzelnen Produktionsabteilungen, das Blindprägen, die Funktion der Faltschachtelklebemaschine sowie eingesetzte Werkstoffe, Werkzeuge und der erforderliche Personalbedarf dargelegt.

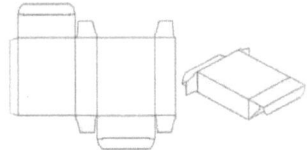

Abb. 2 Faltschachtel ECMA 2120

2.1 Kundenanfrage

Bei einer Kundenanfrage wendet sich die Bayer AG an das Verkaufsbüro, das sich im Hauptsitz in Heidenheim befindet. Hier werden in gemeinsamen Gesprächen zwischen ihr und der Verkaufsabteilung Wünsche und Anforderungen an das Produkt (Faltschachtel) seitens des Kunden besprochen. Erste Konzepte und mögliche Verpackungslösungen werden zusammen erarbeitet.

2.2 Musteranfertigung / Realisierungsprozesse

In der Abteilung Musteranfertigung prüft ein Team von mehreren Mitarbeitern die technische Machbarkeit der Kundenanfrage. Sie entwickeln mehrere Mustervorschläge und fertigen einzelne Handmuster an, die der Bayer AG später präsentiert werden. Sagt ein Vorschlag dieser zu, wird mit ihr zusammen das endgültige Aussehen des Produktes erarbeitet. Außerdem wird eine Vorkalkulation zur Preisermittlung erstellt. Ist der Kunde sowohl mit dem Faltschachtel- Muster als auch mit dem Preis einverstanden, ist die Phase der Musteranfertigung und Realisierungsprozesse beendet.

2.3 Auftragserteilung / Auftragsbearbeitung

Als Nächstes gibt die Bayer AG die Produktion der Faltschachtel entsprechend des Angebotes in Auftrag. Es erfolgt das Anlegen der Auftragstasche mit Kundenname, Kundenfreigabe (Musterfaltschachtel), Spezifikationen, Druckfreigabe, Start- und Endtermin durch einen Sachbearbeiter im hiesigen Werk. Der für den Kundenauftrag benötigte Karton, die Stanzform, die Druckfarben etc. werden im Hauptsitz bestellt. Eine Auftragsankündigung und eine Liste der bereits bestellten Materialien werden an die Abteilung für Produktionsplanung weitergegeben.

2.4 Produktionsplanung und – steuerung

In dieser Abteilung werden die täglichen Fertigungspläne erstellt und an die einzelnen Fachabteilungen verteilt. Vor Umsetzung der Pläne müssen die Auftragstaschen auf Vollständigkeit geprüft werden: z.b. Kundenmuster, Prüffilme, Einzelnutzenkontur und Farbkarten. Weitere Aufgaben der Produktionsplanung und –steuerung bestehen darin, die Materialbestellung für die Folgeaufträge im Konsignationslager auszulösen und eine genaue Terminüberwachung über aktuelle Fertigungsschritte von Aufträgen in den jeweiligen Fachabteilungen durchzuführen. Jeden Donnerstag findet eine zusätzliche Besprechung zwischen den Abteilungsleitern und dem Geschäftsführer statt, um Probleme oder Besonderheiten der Aufträge der kommenden Woche zu beurteilen. Hierbei wird auch der Personaleinsatz und Leiharbeiterbedarf für die nächste Arbeitswoche besprochen und festgelegt.

2.4.1 Druckabteilung

2.4.1.1 Arbeitsprozess

In der Druckabteilung stehen drei Bogenoffsetdruckmaschinen zur Verfügung, davon zwei MAN-Roland mit sechs Farbenwerken und einem Lackierwerk, sowie eine MAN-Roland mit vier Farbenwerken und einem Lackierwerk. An jeder dieser drei Maschinen arbeiten zwei Mitarbeiter, die sich gegenseitig unterstützen. Die zur Bearbeitung der Aufträge benötigten Dokumente (z.b. Kundenmuster und Einzelnutzenkontur) werden von der Abteilung Druckformherstellung (CTP) geprüft und zusammengestellt. Danach werden sie an die jeweiligen Maschinen übergeben. In dieser Abteilung werden die Druckplatten mit Hilfe einer CTP-Anlage, die mit einem modernen Macintosh-System zusammenarbeitet, erstellt. Das Material, das beim Drucken benötigt wird, übergibt die Abteilung Materialbereitstellung an die Maschinenverantwortlichen. Wenn alle Unterlagen, Druckplatten und das für den Druck benötigte Material von der Maschinenbesatzung auf Vollständigkeit geprüft und für korrekt befunden wurde, kann die Produktion beginnen. Bei dieser wiederum finden regelmäßige Zwischenprüfungen durch Ziehen eines Druckbogens statt. Fertiggestellte Druckpalletten werden in das Zwischenlager gestellt, das für die Stanzabteilung als Puffer dient.

Bei dem hier beschriebenen Kundenbeispiel werden beim Drucken vier Farben plus Lack benötigt. Ebenfalls muss für jede Farbe eine eigene Druckplatte von der Abteilung Druckformherstellung angefertigt werden.

2.4.2 Stanzabteilung

2.4.2.1 Arbeitsprozess

Ein weiterer Teil der Produktion ist die Stanzabteilung. Hier werden an zwei Bobst 106 LE Expertcut Flachbettstanzen und einer Bobst SP 104 Flachbettstanze die gedruckten Bogen verarbeitet. Beide Bobst 106 LE Stanzmaschinen wurden mit zusätzlichen Überwachungseinrichtungen, wie z.B. einer Passermarkenkontrolle und einem Bogenkontrollgerät, das Untermischungen erkennt, ausgestattet. Die Maschinen werden jeweils von einem Maschinenführer bedient. Dessen Aufgabe ist das Rüsten der Aufträge und die Produktionszwischenprüfung. Am Ende jeden Auftrages stellt er außerdem Stanzlinge vom letzten gestanzten Bogen für die Bayer AG bereit. Diese dienen ihr zur hauseigenen Qualitätskontrolle.

Verantwortlich für das Prüfen und die Bereitstellung der Auftragstaschen, Blinden-schriftpatrizen, Stanzformen, Stanzplatten und Ausbrechbretter sind die Mitarbeiter der Abteilung Stanzformvorbereitung. Anhand von tagesaktuellen Fertigungsplänen weiß dieser Bereich, welche Werkzeuge an welcher Maschine benötigt werden. Zusätzlich zum normalen Stanzprozess von Faltschachteln können mit Hilfe spezieller Wabenrah-men in einem separaten Arbeitsdurchgang vor dem Stanzen Hochprägungen von Schrif-ten oder Sonderzeichen durchgeführt werden. Der Wabenrahmen, der dafür gebraucht wird, wird vom Maschinenführer und dem Mitarbeiter der Stanzformvorbereitung ge-meinsam vorbereitet. Das heißt, dass beide die Prägestempel mit Hilfe der Stanzkontur per Hand auf die richtige Position setzen.

Um die geforderte Faltschachtel für die Bayer AG herzustellen, müssen für den Stanz-prozess eine geeignete Stanzform, Stanzplatte sowie ein Ausbrechsystem und die Blin-denschriftpatrizen bestellt werden.

2.4.2.2 Prägen der Blindenschrift

Das Blindprägen, auch Brailleschrift genannt, ist ein Druckverfahren ohne Farbe. Es wird vor allem im Bereich der Herstellung von Pharmafaltschachteln (auch bei der Mehrheit der Bayer AG Pharmaprodukte) eingesetzt, um eine „Zeichnung" auf dem Material (Karton) erhaben (Hochprägen) darzustellen. Das Prägen der Blindenschrift erfolgt in einem Prozessschritt gemeinsam mit dem Stanzen und dem Rillen in der Flachbettstanze. Dabei wird der bedruckte Faltschachtelkarton unter Druck zwischen der Stanzform und Gegenstanzplatte bearbeitet. In der Stanzform befinden sich dabei gegenüberliegend eine Universalmatrize mit einem vollständigen Blindenschriftgitter, auf der Gegenstanzplatte eine produktspezifische Patrize (Stempel), die entsprechend der Blindenschriftvorlage mit Erhebungen versehen ist.

Prinzipdarstellung der Blindprägung:

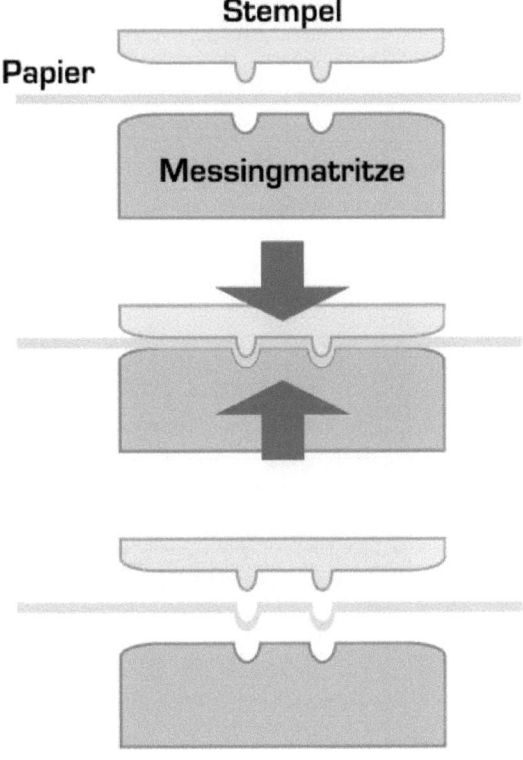

Abb. 3 Prinzip der Blindprägung

Zur Herstellung der Patrizen werden verschiedene Werkstoffe verwendet. Dazu gehören derzeit hauptsächlich Kunststoff, VA-Stahl oder Messing (im Bild von links nach rechts).

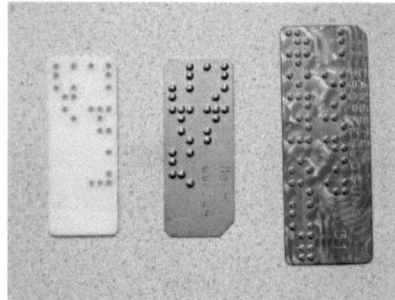

Abb. 4 Patrizen

Die Matrize besteht größtenteils aus einer stabilen Messinglegierung, die hohen Druck aushält. Der Rand der Matrize ist abgerundet, damit er sich nicht auf dem Faltschachtelkarton abzeichnet.

Abb. 5 Matrize

Produktbeispiel:

Abb. 6 Aspirin Faltschachtel

2.4.3 Klebeabteilung

2.4.3.1 Arbeitsprozess

Den letzten Arbeitsprozess in der Fertigung der Faltschachtel übernimmt die Klebeabteilung. Diese ist mit drei Faltschachtelklebemaschinen ausgestattet, einer Bobst Alpina 75/2 Matic und zwei Maschinen der Firma Jagenberg. Hier können nicht nur standardisierte Faltschachteln gefertigt werden, sondern auch Spezialklebungen wie z.B. Innenkammerkonstruktionen. Eine zusätzliche Ausstattung dieser Maschinen besteht darin, dass an allen ein Codeleser angebracht wurde, um eine sortenreine Produktion gegenüber unseren Kunden zu gewährleisten. Die Besatzung jeder Maschine besteht aus einem Maschinenführer, einem Einleger und einem Abnehmer. Der Maschinenführer ist für das Einrichten der Aufträge, die Produktionsüberwachung, das Ausfüllen des Prüfnachweises und die korrekte Abrechnung am Ende eines Auftrages zuständig. Während der Produktion bestückt der Einleger die Maschine mit den zu klebenden Nutzen, die zuvor gestanzt wurden. Eine weitere Aufgabe des Einlegers ist es, in der Zeit, in der der Maschinenführer die Maschine neu einrichtet, Nachfolgeaufträge in den dafür vorgesehenen Maschinenbereich zu bringen. Die Aufgaben des Abnehmers sind es, die geklebten Faltschachteln am Abpackplatz in die auftragsspezifischen Umkartons (WK, Pharmasafe oder Tray) zu packen und auf das Rollenband zu stellen. Außerdem entnimmt er während der Produktion Stichproben. Die benötigten Umkartons werden von der Verpackungsvorbereitung bereit gestellt. Im System des Rollenbandes sind ein Etikettenautomat und ein Kartonverschließer integriert. Die in den Umkartons verpackten Faltschachteln werden von einem Mitarbeiter des Lagers auf Euro-Paletten gestapelt.

Alle drei Produktionsprozesse werden in ihrem Durchlauf von Mitarbeitern des Qualitätswesens überwacht. Die Aufgaben des Qualitätswesens sind z.B. die Überprüfung der Blindenschriften auf Richtigkeit sowie Freigabe dieser, bevor sie in der Produktion auf die Schachteln gestanzt werden. Außerdem übernimmt das Qualitätswesen Endprüfungen in der Abteilung Kleben (Stichprobenkontrolle) und erstellt kundenspezifische Prüfzertifikate.

2.4.3.2 Aufbau und Funktionsweise der Faltschachtelklebemaschine

Im Einleger werden die aus einem Druckbogen gestanzten Schachtelzuschnitte zwischen zwei seitlich justierbaren Stapelwänden platziert und einzeln über Riemen in die Maschine eingeführt. Dabei können sie von kleinen Rollen, optional rechts oder links, ausgerichtet werden.

Im Vorbrecher werden die Rilllinien 1 und 3 einmal vorgebrochen und wieder flach in die Faltstation übergeleitet. Die Schachteln lassen sich so für das spätere Befüllen leichter öffnen. Der Vorbrecher bietet auch die Möglichkeit, Zusatzeinrichtungen aufzunehmen, die zum Beispiel notwendig sind für Faltboden-, Faltstülp- oder Aufrichteschachteln. So kann mit Erweiterungsmodulen der Vorbrecher verlängert und die Produktionsgeschwindigkeit bis 500 Meter pro Minute gesteigert werden. Dadurch erhöht sich der Netto-Ausstoß besonders bei der Verarbeitung großer Zuschnitte. Zusätzlich wurde noch ein Codeleser installiert, der bei der Produktion von Pharmafaltschachteln eine große Rolle spielt. Hierbei werden fehlerhafte Faltschachteln erkannt und im späteren Verlauf der Maschine mit Hilfe eines Auswerfers ausgeschleust.

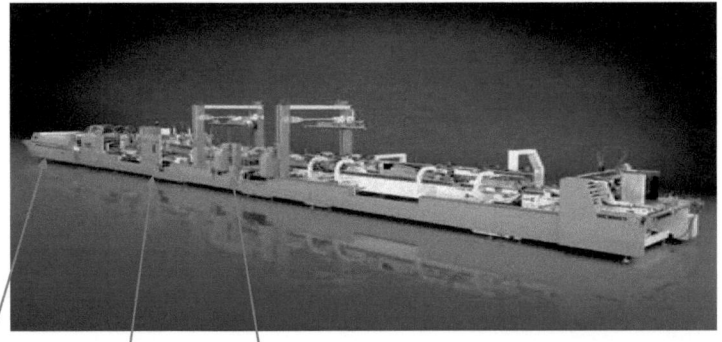

Abb. 8 Bobst Faltschachtelklebemaschine

In der Faltstation wird der Leim optional mittels Oberleimdüse oder Unterleimscheibe auf den Zuschnitt aufgetragen. Anschließend wird die Schachtel geklebt und geschlossenen.

Bobst Faltschachtelklebemaschinen bieten die kontrollierte Links-vor-Rechts-Faltung. Die geklebten Schachteln werden in der Überleitstation für die Übergabe in die Pressstation vorbereitet. Bei Einsatz von Codelesern oder Leimauftragskontrollen können fehlerhafte Schachteln in der Überleitstation ausgeschleust werden.

In der Pressstation werden die flachliegend geklebten Faltschachteln versetzt (geschuppt) übereinander zwischen zwei umlaufende Pressgurte geführt, um den Leim auch bei hohen Geschwindigkeiten schnell abbinden zu lassen.

2.5 Versand und Auslieferung

Im Versand bzw. Lager erfolgt per Fax die Anmeldung der Versandaufträge beim Spediteur. Es werden täglich Ausgangslisten nach Versandterminen für Mitarbeiter im Lager aktualisiert, damit diese wissen, welche Aufträge versandfertig (Einstretchen der Paletten) gemacht werden müssen. Anhand der Abrechnung aus der Klebeabteilung erfolgt das Erstellen der Versandpapiere (Lieferscheine) für den Speditionsauftrag. Wenn der Speditionsauftrag fertig geschrieben ist, dienen die Lieferscheine als Grundlage zur Rechnungsstellung für den Kunden.

2.6 Fehler bei der Herstellung der Faltschachtel

Druckfehler

Einer der häufigsten Fehler beim Drucken von Faltschachteln ist der sogenannte Butzen, auch „Partizan" genannt. Der Butzen beeinträchtigt stark das Aussehen des Druck-
bildes. Dabei verursachen feuchtigkeitsannehmende Teilchen (Strichpartikel) weiße
Flecken. Harte Teilchen, die Farbe annehmen, verursachen einen rundlichen oder unre-
gelmäßigen Fleck, der von einem schmalen weißen Rand umgeben ist. (siehe Abbildung) (3)

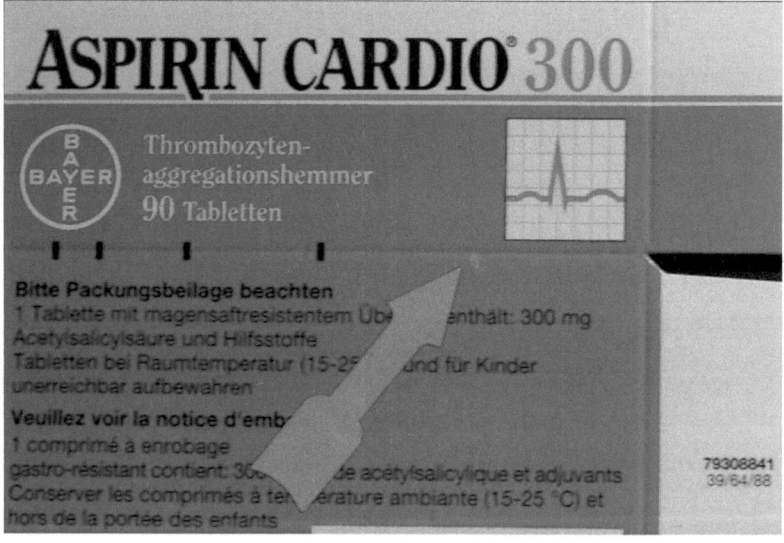

Abb. 9 Druckfehler

Gegenmaßnahme zur Behebung des Fehlers ist eine sofortige Druckunterbrechung, um
die Druckplatte oder das Gummituch manuell zu reinigen. Man sollte die fehlerhaften
Druckbogen auf der Palette kennzeichnen und die nachfolgende Produktionsabteilung
informieren, damit diese die Bogen entfernen kann.

Stanzfehler

Stanzfehler sind z.B. schlechte Schnitte an Sicherheitslaschen, verursacht durch defekte Messerspitzen, die während des Stanzprozesses durch Materialverschleiß entstehen. (siehe Abbildung)

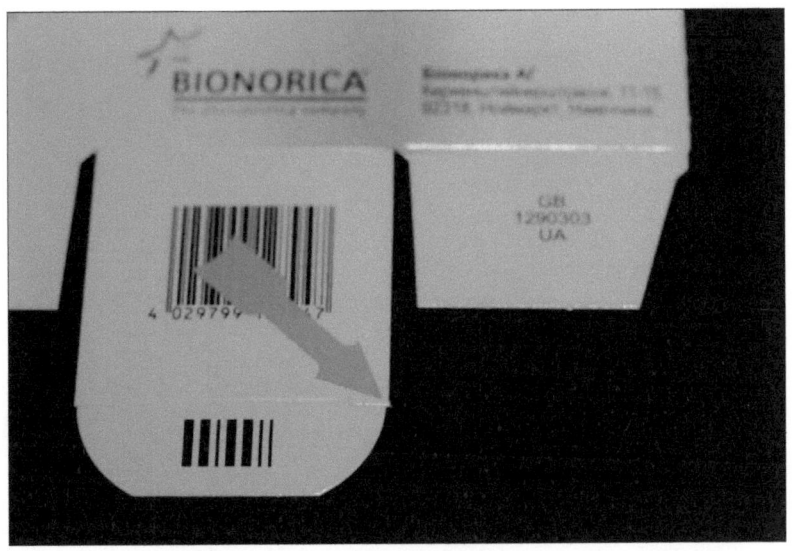

Abb. 10 Stanzfehler

Gegenmaßnahme zur Behebung des Fehlers ist eine sofortige Unterbrechung des Stanzprozesses und der Austausch des defekten Messers gegen ein neues. Es sollten die fertig gestanzten Nutzen auf der Palette gekennzeichnet werden, damit diese von der nachfolgenden Produktionsabteilung entfernt werden können.

Klebefehler

Schief geklebte Faltschachteln (siehe Abbildung) entstehen, wenn am Einleger der Falt-schachtelklebemaschine einzeln zu klebende Nutzen schief eingezogen werden. Die Ursachen dafür liegen an der unterschiedlichen Abnutzung der Einzugsriemen am Ein-leger.

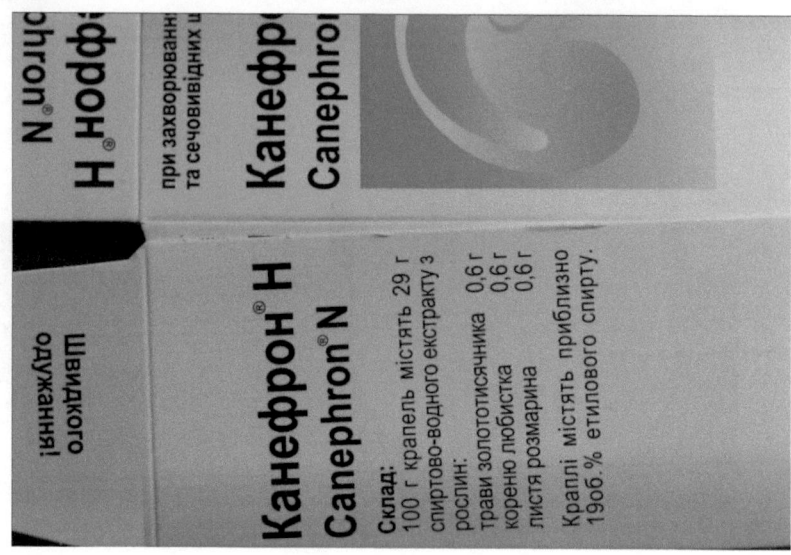

Abb. 11 Klebfehler

Gegenmaßnahme zur Behebung des Fehlers ist eine sofortige Unterbrechung des Kle-beprozesses und das Wechseln der abgenutzten Einzugsriemen. Bereits produzierte Faltschachteln werden kontrolliert und bei Feststellen des Fehlers sind diese zu vernich-ten.

2.7 Quellenangaben

(1)   www.edelmann.de/group/carl-edelmann/werk1.php

(2)   www.genios.de/r_profisuche/genios.btml?START=A40&T_TEMPLATE= druck&WID=7752-6370340-73603_6

(3)   Lehr- und Arbeitsbuch Druck, Manfred Aull, Technologie für Drucker der Fachstufe 1 und 2, Verlag: Beruf + Schule

Abb.1

www.edelmann.de/group/index.php

Abb.2

http://www.schaaf-packung.de/images/schaaf/ecma_a2120.jpg

Abb.3

www.grafikdesign.com/designlexikon/artikel/b/blindpraegung.php

Abb.4

www.kroha.de/media/files/pdf/braille.pdf

Abb. 5

eigenes Foto

Abb. 6

eigenes Foto

Abb. 7

Informationsmaterial der Firma Bobst

Abb. 8

Informationsmaterial der Firma Bobst

Abb. 9

eigenes Foto

Abb. 10

eigenes Foto

Abb. 11

eigenes Foto